LES PARTIES D'UNE PLANTE

LES RACINES

Un livre de la collection Les racines de Crabtree

ALICIA RODRIGUEZ

CRABTREE
Publishing Company
www.crabtreebooks.com

Soutien de l'école à la maison pour les parents, les gardiens et les enseignants

Ce livre aide les enfants à se développer grâce à la pratique de la lecture. Voici quelques exemples de questions pour aider le lecteur ou la lectrice à développer ses capacités de compréhension. Les suggestions de réponses sont indiquées en rouge.

Avant la lecture

- De quoi ce livre parle-t-il?
  - *Ce livre parle des racines.*
  - *Ce livre explique à quoi ressemblent les racines.*

- Qu'est-ce que je veux apprendre sur ce sujet?
  - *Je veux savoir ce que sont les racines.*
  - *Je veux apprendre à quoi ressemblent les racines.*

Pendant la lecture

- Je me demande pourquoi...
  - *Je me demande pourquoi certaines racines poussent dans la terre.*
  - *Je me demande pourquoi certaines racines sont longues.*

- Qu'est-ce que j'ai appris jusqu'à présent?
  - *J'ai appris que certaines racines poussent dans l'eau.*
  - *J'ai appris que certaines racines sont grosses.*

Après la lecture

- Nomme quelques détails que tu as retenus.
  - *J'ai appris que les racines peuvent être de différentes tailles et longueurs.*
  - *J'ai appris que la plupart des plantes ont des racines.*

- Lis le livre à nouveau et cherche les mots de vocabulaire.
  - *Je vois le mot* ***terre*** *à la page 8 et le mot* ***plantes*** *à la page 13. Les autres mots de vocabulaire se trouvent à la page 14.*

Voici des **racines**.

Certaines racines sont grosses.

Certaines racines sont longues.

Certaines racines poussent dans la **terre**.

Certaines racines poussent dans l’eau.

La plupart des **plantes** ont des racines!

Liste de mots

Mots courants

certaines grosses plupart
dans ont sont
eau

La boîte à mots

plantes

racines

terre

29 mots

Voici des **racines**.

Certaines racines
sont grosses.

Certaines racines
sont longues.

Certaines racines
poussent dans la **terre**.

Certaines racines
poussent dans l'eau.

La plupart des **plantes**
ont des racines!

CRABTREE
Publishing Company

Autrice : Alicia Rodriguez
Conception : Rhea Wallace
Développement de la série :
James Earley
Correctrice : Ellen Rodger
Conseils pédagogiques :
Marie Lemke M.Ed.
Traduction : Annie Evearts
Coordinatrice à l'impression :
Katherine Berti
Références photographiques :
Shutterstock : showcake : couverture; ifong : p. 1; Thammanoon Khamchalee : p. 3, 14; siambizkit : p. 5; Noppanunk : p. 6-7; ER_09 : p, 9; Damsea : p. 11; Ian Grainger : p. 12, 14

LES PARTIES D'UNE PLANTE

LES RACINES

Crabtree Publishing Company
www.crabtreebooks.com 1-800-387-7650

Publié aux États-Unis
Crabtree Publishing
347 Fifth Avenue
Suite 1402-145
New York, NY, 10016

Publié au Canada
Crabtree Publishing
616 Welland Ave.
St. Catharines, Ontario
L2M 5V6

Imprimé au Canada/062021/CPC

Catalogage avant publication de Bibliothèque et Archives Canada

Titre: Les racines / Alicia Rodriguez ; texte français d'Annie Evearts.
Autres titres: Roots. Français.
Noms: Rodriguez, Alicia, auteur.
Description: Mention de collection: Les parties d'une plante | Les racines de Crabtree | Traduction de : Roots. | Comprend un index.
Identifiants: Canadiana (livre imprimé) 20210268344 | Canadiana (livre numérique) 20210268352 | ISBN 9781039606159 (couverture souple) | ISBN 9781039606210 (HTML) | ISBN 9781039606272 (EPUB) | ISBN 9781039606333 (livre numérique avec narration)
Vedettes-matière: RVM: Racines (Botanique)—Ouvrages pour la jeunesse. | RVMGF: Documents pour la jeunesse.
Classification: LCC QK644 .R6314 2022 | CDD j575.5/4—dc23